Deco Room with Plants in NEW YORK

植物といきる。
心地のいいインテリアと空間のスタイリング

Satoshi Kawamoto

BNN
Bbg News Network

Preface

はじめに

前作の『Deco Room with Plants』の発刊から約1年半。

僕のまわりでは、様々な環境の変化がありました。

その中でも最も大きな出来事が、ニューヨークの地に

「GREEN FINGERS」の7店舗目を構えたこと。

日本中心だった生活の基盤をニューヨークに移し、表現の場として

創ることと向き合える、そして新たな刺激を受け取ることのできる、

そんな環境にいられることを幸せに思っています。

多くの情報が目まぐるしく交差する現在、

僕の創った空間を見て"何か"を感じてほしい。

この本を見たときに、あなたの感性が掻き立てられるような、

そんな表現ができたらと思っています。

Satoshi Kawamoto

Contents   Preface はじめに *3*

※本書記載のショップデータは制作時のものであり、
　変更される可能性があります。ご了承ください。

all over the town ...

plants on many places
BTM
CHROMA
MakeSpace
PULL
COS
WAS
HER

U got
GREEN FINGERS

人に植物を

House STYLING

～川本邸のグリーンスタイリング in NY～

アパートメントを借りて約1年が過ぎ、徐々に日本から生活の基盤を移し完成させた空間は、川本氏が現地で出会ったアンティークのインテリアやアートワーク、植物が溢れる一室に。ペイント作りからこだわった壁の色、積み重ねた洋書の写真集、ヴィンテージアイテムを使ったデコレーションなど、ニューヨークでの生活でより洗練された、彼の感性が詰まっている。部屋の所々に散らばるワザの利いたスタイリングアイデアはあなたの想像力を掻き立ててくれるはず。

DOOR & SHOES SPACE

玄関の壁面にシルバーのティンパネルを並べて貼り、海外の古い
レストランや歴史のある建物の天井や壁をイメージ。小さいパネ
ル6枚分が1シートになっているものを、壁面に合わせるように貼
り付けて壁紙のように。このティンパネルは現地のホームセンタ
ーで見つけて購入したもの。アンティークの木箱は底面を壁に向
けるようにして積み上げ、シューズボックスに。古新聞や絵ハガ
キを貼るとジャンクな雰囲気を出すことができる。また、使ってい
ないオーブンをシューズボックスとして活用。食器棚にも靴やT
シャツを入れてクローゼット代わりにしている。

kitchen → ~~cook~~   Kitchen → closet

LIVING & DINING

玄関を開けて目の前に広がるのがリビング＆ダイニング。壁の色は以前から挑戦してみたかったというマスタード色に。玄関横の壁に取りつけた小さな棚は、古い家具のパーツを再利用したもの。箱型でも奥行きの浅いものや細かい仕切りがあるものは使い道に困るものが多いが、サイズの小さい多肉植物を並べたり、カードを差せばオブジェ風に。また、キッチンの壁に取りつければ調味料入れになるなど、アイデア次第でバリエーションが広がる。ツールバッグをタオル入れにしたり、ヴィンテージの袋を鉢カバーにするなど、収納もインテリアのひとつとして見せて。

壁に貼った金属製の赤白のパーツは蚤の市で買ったもの。お気に入りのパーツを見つけて壁に貼り、デコレーションするのもおすすめ。鉢のまわりに冊子を立てかけ、カバーにしてインテリアに遊び心をプラス。

アクセサリーや眼鏡、バンダナなど、出掛ける前の仕上げのスタイリングをする場所。ここは外光が入らず、置いてあるアイテムも細々としているので、アーティフィシャルの植物とドライモスを入れたテラリウムや紙製の青い花を置いたり、バッグにはドライのラベンダーを差すなど、お手入れの必要がないものを選んでスタイリング。鉢として使っているドクロは紙でできたハロウィン用のお菓子入れ。アーティフィシャルの植物を使う場合、鉢の素材はどんなものでも大丈夫なのが嬉しいところ。

リビング＆ダイニングとベッドルームの間にあるクローゼットは、壁色を少し落ち着かせてベージュに。隣にあるマスタード色の壁とケンカをしないように、同じスペースに置くプフはグレーやネイビーなど、まとまりを考えたカラーをチョイス。背の高い植物を間に置くとスペースに立体感が出てくるので全体にメリハリが生まれる。クローゼットの扉はチョークボードになっており、書き換えたり、練習をするときのためにこの素材にしたそう。このレタリングは引っ越してきた当初に描いたもの。

LIVING & DINING
Arrange 1

ネイビーのソファが映える、リビング＆ダイニングの大きなマスタード色の壁面は、キャンバスのように使ってデコレーションを。左は、アンティークショップで購入した絵画をメインに置いたスタイリング。まわりに大きめのドライフラワーをランダムに飾り、クラシカルにまとめている。絵画は上からペイントを重ねることでアレンジを加えたもの。空の額縁には、ユーカリを一枝飾るだけでアート作品の完成。右は、様々な種類のシダの葉を一枚ずつ並べてテープで貼り、標本のように見せたスタイリング。切り抜きやカード、シューズなどをアクセントでプラスして。生花を壁に吊るしておけば、そのままドライフラワーにすることも。

LIVING & DINING
Arrange 2

朝の食卓をテーマに、色とりどりのフルーツやヨーグルトが並ぶさわやかなテーブル。そこに季節の
切り花をプラスして個性的に。テーブルの中の洋書やお香も、ピンクやブラウンなど暖色のもので揃
えて温かいイメージに。中央に置いた鉢の鮮やかな緑色でメリハリを利かせている。

Night

夜の食卓をテーマに、ビールやポップコーン、食べかけのピクルスが置かれたワイルドなテーブル。グリーンとブラウンの2色をメインにして、他の色数を抑えてアイテムや植物を選んだことで、全体的に落ち着いた仕上がりに。深い色合いで全体をまとめた、渋さを感じるスタイリング。

BATH ROOM

バスルームはスペースが限られるため、壁面やタンクの上などを使ってアレンジ。植物も大きいサイズではなく、場所に合った小さいサイズのものと、半日陰に置いても大丈夫な種類を選んでいる。エアプランツは壁にかけているのがポイント。壁の色は、グレーとブラウンの間の色をイメージして、ペイントショップで調合したこだわりの色。LAUNDRYと描かれた洗濯物入れは「Ace Hotel New York」で購入したお気に入り。

24

cozy moment

GOOD LUCK

LOVE ME

BED ROOM & WORK SPACE

陽の光が射し込み、風通りも気持ちいいスペースは、築100年以上のアパートだからこその、対称的な2つ窓やかわいいヒーターカバーなどレトロなデザインが魅力。その脇にはNYのアーティストのCurtis Kulig（カーティス・クーリグ）の作品が置かれ、ニューヨークの古き良き姿と、現代アートの感性が交ざり合う空間に。左側がベッドスペース、右がワークスペースになっている。高さのある場所に植物を置くときは、葉が垂れ下がるような種類を選んでフォルムを見せて。サイズの異なる植物をバランス良くスタイリングすれば全体に立体感が生まれる。

「Front General Store」で購入したヴィンテージのランドリーピンに、エアプランツをかけて壁飾りとしてアレンジ。ハトモチーフのフェルトのペナントは、ベッドカバーと色を合わせてまとまりを出している。デッドスペースになりがちな部屋のコーナーには、存在感のある植物を置いてアクセントにすると、壁の空きスペースも解消できる。高さを出したいときは、スツールや台の上に置いてスタイリングするのがおすすめ。

Thanks Curtis!
It's my own
"LOVE ME"

ニューヨークらしい赤レンガの壁とストリートアートが望めるベッドサイドの窓辺は、朝日が昇ると透明のボトルランプを通してきらきらと光が射し込み、清々しい気分を高めてくれる。サイコロやネジ、リップなどのモチーフを模ったチョークは、友人からのプレゼント。バラバラと無造作に置いてもかわいい。植物はなるべく陽をたっぷり浴びることができる窓辺に置いてあげると、よりいきいきとした表情を見せてくれる。

Living with my kids

BED ROOM
Arrange

窓辺を大きく使ったアレンジ。左は、多肉植物をメインに置いたスタイリング。様々なサイズの鉢を置くことで立体感を出すことがポイント。存在感のある多肉植物を集めて置くことで、ジャングルのようにボリューム満点な窓辺に。右は、脇役になりがちな草をメインに置いたスタイリング。草原を一部切り取ってきたかのような大きなボックスは、ひとつ置くだけでまわりの雰囲気をナチュラルな印象に仕上げてくれる。ボックスには絵の具でレタリングをして、ひと工夫。

WORK SPACE
Arrange 1

エアプランツが好きな人の部屋と、多肉植物が好きな人の部屋をイメージした2パターンのアレンジ。左は、スラッと伸びた葉先が特徴でインテリアとも馴染みのいいエアプランツ。ひとつ置くだけで空間にこなれ感を出すことができる。土や鉢を使わないため、気軽に取り入れられるのが魅力。右は、ぽってりとした肉厚の葉や個性的なフォルムが目を引く多肉植物。鉢の色味とも相まって温かみが溢れる印象に。メンズライクなアイテムやアンティーク雑貨とも相性抜群。

WORK SPACE
Arrange 2

clothes
+ bugs
+ plants = LIFE

洋服やバッグもインテリアとしてスタイリング。バッグを鉢カバーとして使うアイデアは気軽に挑戦でき、少ない工程で雰囲気良く仕上がるのが魅力。観葉植物だけではなく、生花やドライ、枝ものなど何にでも応用が利く。左から、ガウンコートには革のバッグと洋書、ポケットにもエアプランツを。エプロンには色落ちトートバッグを合わせてワーク仕様に、胸ポケットにピンク色を差してかわいらしさもプラス。TシャツはLAの古着屋「Filth Mart」で直々にハンドドローイングしてもらった宝物。全体をカジュアルにまとめたら、植物は個性的で元気な印象のものを選んで。オレンジのヴィンテージジャケットの下には、Curtis Kulig手描きの世界でひとつしかないシューズを。植物は深い色味など落ち着いたイメージのものを選んで、アイテムを主役に。洋服、アイテム、バッグでトータルコーディネートアレンジをして、自分に合うタイプのスタイリングを探してみては。

CONTENTS 11

FRIEND'S
PLACE
STYLING

〜友達の空間をグリーンスタイリング〜

100年以上の歴史を持つ昔ながらの佇まいを残した家、モダンでコンドミニアムな都会の家、ニューヨークらしいリアルベーシックファッションのショップまで、ニューヨークの暮らしを象徴するような友人のお宅・ショップで突撃グリーンスタイリング。アメリカンヴィンテージ、洗練されたモダン、ベーシックスタイルと、雰囲気の違うインテリアとマッチする、スタイリングのアイデアを提案。植物をプラスすることで、馴染みのあるインテリアの新たな魅力を引き出してくれる。

BARの文字が書かれたランプシェードは逆さに吊るし、エアプランツを飾ってポイントに。カウンター上、机などを使い、カウンターに立ったときに目線で緑が繋がるように配置した、空間の広さを利用した立体感のあるスタイリング。植物を部屋全体に置きたいときは、まとめて置くよりも、流れを作るように置くのが効果的。また、どの方向から見ても植物が重ならないようにスタイリングすると、バランス良く仕上がる。まずは1鉢からはじめて、徐々にバランスをとりながら増やしていることが、あきないコツ。

Monroe Garden Studio   モンロー・ガーデン
スタジオ

Monroe Garden Studio and Showroom
213 Taaffe Place, #106
Brooklyn, New York 11205 U.S.A.
Showing by appointment only,
http://www.monroegarden.net/

インディアンモチーフのブックエンドで鉢を挟んで、
ひとつのオブジェのように見せて。小さな多肉を一
緒に置いたり、色味の淡い植物を使うことでスタイリ
ングにかわいらしさを。さらに、装飾のきれいな鏡や
ドライフラワーなど、アイテムでもかわいらしさをプ
ラス。タイプライターや地図などの、アンティークア
イテムと植物との相性は抜群。個性的な形の植物や、
身が厚くぽってりとした多肉、色味の濃い植物などを
置くとよりメンズライクでクールな世界観に。

ベッド脇の棚の高さを活かして、植物は葉が垂れ下がるタイプを。他の植物は本やランプなどと馴染ませるようにさりげなく置いて。ポップコーンの空き袋を使った花瓶は、他の紙袋や布袋でも応用可能。水を入れたコップやジャーを袋の中に入れれば、生花でも楽しむことができる。使っていない工具入れの引き出しは、ところどころに多肉やエアプランツを差し込んで、個性的なインドアガーデンに。

work space became a garden

Movable indoor garden

様々な高さの鉢を用意し、アンティークカートの
中に立体感を出すようにランダムに入れていく
だけで、小さな庭を切り取ったようなスタイリン
グの完成。写真のものは、大きめ3鉢、小さめ3
鉢くらいで構成している。後ろに置いた脚立に
ちょこんと多肉植物を並べるアイデアは、今すぐ
にでも取り入れられそう。机の上に小さいエア
プランツや多肉を置いて、読書をしながら眺める
のも◎。お気に入りの雑誌と飲み物を片手に、
ちょっとした癒しの時間を。

【BRF MADE GINGER SYRUP】
BROOKLYN RIBBON FRIESによる手作りジンジャーシ
ロップ。炭酸で割ればジンジャエール、暖かい紅茶に加え
ればジンジャーティー、料理やお菓子作りなどにも万能に
使える濃縮シロップ。http://brooklynribbonfries.com

John and Ho's home office

ジョン アンド ホー・自宅兼事務所

高さのある棚は全体を見ながらバランス良く植物を置くことと、選ぶ植物の種類が重要。葉が垂れ下がっているものは高い位置に置くとフォルムがきれいに活きてくる。すべての棚に目いっぱいの植物を置くのではなく、メリハリをつけて。窓際に小さな鉢を並べれば、マンハッタンを一望できる高層マンション群の景色とのコラボレーションも楽しめる。すっきりと洗練された印象の室内に合うのは、スラッと伸びる葉を持つ植物。あえてシンプルにスタイリングをして凛とした印象に。

手の形をしたオブジェにエアプランツ
を持たせて、よりアーティスティック
な印象に。アートと植物を組み合わ
せれば、さらに個性的な世界を楽しめ
る。いつもの見慣れたインテリアに、
新たに"遊び"を取り入れてみるのも
自分らしいスタイリングの第一歩。

部屋のコーナーや寂しく見える部分に置くだけ
で、イメージのアクセントになるバッグを使っ
た鉢カバーのアイデア。バッグの中に鉢と鉢
皿を入れるだけの簡単な工夫でできる手軽さ
も魅力。ボリュームがあり、背の高さとバッグ
の高さのバランスが良い植物を選ぶことと、バッ
グはこなれ感を出すために、少しくしゃくしゃ
とシワをつけて置くのがポイント。

Is it
my new
tiara!?

47

ベーシックな色合いの洋服が並ぶ「Save
Khaki」のショップスタイリングは、イン
テリアや洋服に馴染むようなさりげなさ
を意識。植物や鉢の色味と一緒に置く雑
貨の色味を合わせるなど、その場所にず
っとあったかのような自然な雰囲気に仕
上げている。普段、バンダナを入れてい
るグラスジャーには、鉢を丸ごと入れで
オブジェ仕様に。個性的な犬の顔を模っ
たボトルオープナーを使えば、エアプラ
ンツもおちゃめな印象に。

SK 55   SK 034   SK 92G

Save Khaki
セーブ カーキ

S.K.U. 317
317 Lafayette Street New York, NY 10012
http://savekhaki.com/

as you like ...

ワイヤーバスケットに、靴下と一緒に投げ
込まれたような無造作感がかわいいエア
プランツ。鳥の巣を連想させるような細く
てまっすぐ葉を伸ばすエアプランツのフォ
ルムは、空間に絶妙に馴染んでいる。

鉢カバーのアイデアは、本のように2つ開きに
できるものやバッグのように袋状のものなど、
アレンジ方法も様々。アンティーク絵本のカバ
ーで鉢を覆い隠せば、ポップなテイストの中に
もどこか懐かしさが感じられるカバーに。2つ
に開くものであれば、薬箱までもカバーに変身。
白くてツルツルとしたカバーは近代的でアート
な印象を与えてくれる。選ぶアイテムの素材に
よって個性溢れるアクセントをインテリアにプ
ラスすることができる万能アイデア。

SHOP STYLING

～ショップのグリーンスタイリング～

ニューヨークのイースト・ヴィレッジにオープンした「GREEN FINGERS NEW YORK」をはじめ、「FILSON NEW YORK」、「Front General Store」「SLEEPY JONES」など、川本氏が現地で手掛けたショップを中心としたグリーンのスタイリングを紹介。グリーン、ファッション、フードと、ジャンルを問わず、ショップの新たな魅力を引き出すスタイリングと独自の世界観は、その感性に触れた多くの人からの支持を集め、現在も多方面へ広がりをみせている。

Thanks for coming to GFNY!!

GREEN FINGERS
NEW YORK

2013年秋にオープンした「GREEN FINGERS」
の7店舗目。個性的でクールな植物やアンティ
ーク雑貨など、川本氏がセレクトした独特の感
性溢れるアイテムが並ぶ店内は、植物と共に暮
らす新しいライフスタイルが見つかる空間。"経
年変化を楽しむ"ことをキーワードに、植物の成
長する姿や、雑貨などが時を重ねて朽ちていく
姿を楽しむことの魅力を提案してくれる。

44B East 1st Street, New York, NY 10003
Open: Mon–Sat 12–7pm, Sun 12–6pm

シンプルなデザインの照明に、エアプ
ランツを飾り付けてグリーンランプに。
アイアンシェードにエアプランツを差し
込んだ簡単アレンジ。様々な種類を差
すことで、葉だけでも華やかな印象に。

アンティークカートに多種類のド
ライフラワーを詰め込んでオブ
ジェに。まわりに張ったロープに
は等間隔でドライフラワーを吊る
し、ガーランドのように見せてい
るのがポイント。ユーカリを取り
入れると香りも良くなるので、イ
ンテリアのアイデアとしても。

小さめサイズや個性的な形の多肉・サボテンを、引き出しの中やデスクの上にキュッと集めて。奥に行くほど鉢を高く、横に並ぶ鉢の高さをランダムにして置くことで、スタイリングに動きを出てリズミカルな印象に。アンティークの木箱を積み上げた壁面には、植物と鉢だけではなく、あえて照明や水トルジャーなど異素材のものを置くことで全体に抜け感を出して。

引き出しを壁面に打ち付けて、飾り棚としてアレンジ。薄い色合いのドライフラワーに、苔むしたテラコッタポットを合わせればクラシカルな雰囲気に。飾り棚は、合わせるものによって手軽にイメージチェンジできるところがおすすめ。ドライフラワーとアーティフィシャルを使ったグラスドームはひとつ部屋に置くだけで、こなれた空間を演出できるのも魅力。

ショップのオープニングパーティーで披露したアートワークは、人間を模ったレタリングと植物で作られた心臓のオブジェ。"枯れ行く美"を感じてもらうことをテーマに、2ヶ月間程の時間をかけて作品をドライにしていく、時間の経過を感じるアート。

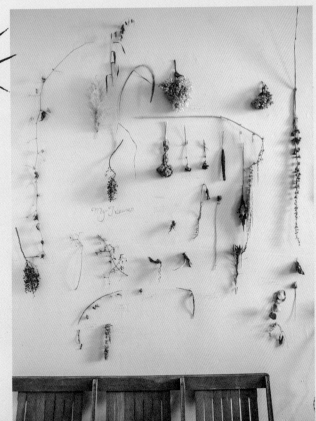

様々な種類の生花を、壁に留めていきデコレーション。生花からドライフラワーに変わっていく、植物の色あせていく美しさを表現した作品。白壁の雰囲気に合わせて鉛筆を使い、ところどころに落書きのようにレタリングを描いていくことでやわらかい印象を加えている。

You can hear the voice of green

鉢の植え替えをする場所や、多目的に使える作業スペースとして使用しているこの部屋は、個性的なプランツが多く並ぶ空間。チョークボードのレタリングやアンティークランプと、存在感の強い植物があわさると、独特な雰囲気が生まれ、自然と画ができあがる。

作業場の奥へ進み、裏口の扉を抜けると目の前に広がるのが、月日を重ねて色あせた白いレンガにグリーンが映える裏庭。ほとんど植物のない状態から施工を始めたというこのスペースは、高い吹き抜けを利用して、植物も背の高いものを取り入れた立体感のあるスタイリングを楽しめる。アートスペース兼リラックスもできる、川本氏なりの居心地の良い空間を表現した姿になっている。訪ねた際にはお店の奥まで足を運んでみては。

裏庭に出て左側に広がるのは、木の長椅子や緑のベンチが置かれたスペース。みんなで庭に集まってお喋りをしたり、コミュニケーションを取る場所になっている。歴史を感じる壁とそこに新たに足された植物が相まった様子は、寂れた雰囲気と植物の成長する姿が絶妙なスタイリング。見上げると気持ちのいい青空が広がり、高層アパートやショップが立ち並ぶニューヨークの街を感じながらも、爽快で開放的な気持ちになれる。

Secret backyard

FILSON NEW YORK

1897年に設立された歴史あるアウトドアブランド「FILSON」。ワイルドなアウトドア感を意識し、壁色は渋く深みのある緑色をチョイス。高い天井と開放感のある天窓を活かし、植物を重ね合わせるように配置していくことで、まるで山の中に踏み込んだような感覚を表現している。そこに、川本氏が自ら探し出したアンティークの家具などを紛れさせることで、今まで存在していたはずの生活がそのまま朽ちていったような、時間を感じるデザインに。この壁をプランツで覆うインスタレーションは、「FILSON NEW YORK」のグランドオープンを祝うために期間限定で行われたもの。

40 Great Jones StreetNew York, NY 10012
Open: Mon–Sat 10–6pm, Sun 12–6pm

バッグを壁にかけてスタイリングした壁面は モスやエア
プランツをところどころに散らすことで退廃的な雰囲気
を高めている。棚の上に無造作に置かれたツルは束ねて
オブジェのように見せて。通路や木の椅子の上に置いて
いるのは、バッグを鉢カバー代わりにするアイデア。

BARBER SHOP

ニューヨークで川本氏が通っている「BARBER SHOP」。すべておまかせで担当をしたというスタイリングは、サロンの開けたイメージを大切にして、太陽の光と風をたっぷりと取り込むことを意識。大きな窓を使い、ダークすぎない緑色の植物を選んで並べていくと、さわやかさの溢れる気持ちのいい空間に。赤と白の扉やウッディなショップ内、レタリングなど世界観が植物とマッチしている。

8 RIVINGTON STREET, NEW YORK, NY 10002
Open: Mon–Fri 11–8pm, Sun–Sat 10–6pm

FREEMANS SPORTING CLUB – TOKYO

「BARBER SHOP」のスタイリングをきっかけに、「FREE MANS SPORTING CLUB」初の海外店舗である「FREE MANS SPORTING CLUB –TOKYO」も手掛けることに。ニューヨークとのリンクをテーマとして、現地のレストラン入り口の古い壁や植栽の色味を、東京のスタイリングでも意識している。ただ、"リンク＝コピー"ではなく、個性的な植栽を取り入れたり、独自の立体感を作ることで、自分らしさを表現したのが川本氏のこだわり。

東京都渋谷区神宮前 5-46-4 イイダアネックス表参道
Open: [Shop / Barber] 11–8pm, [Restaurantbar] 12–11:30pm

Front General Store

ブルックリンのダンボ地区に店舗を構えるヴィンテージ
ショップ。植物とヴィンテージの相性はとても良いため、
アイテムの中に馴染ませるようなスタイリングに。ショ
ップはかっこ良く飾れたからいいというわけではなく、人
が来たときにどこに目線がいくか、それぞれのアイテム
が見やすいかを考えて、どこから見てもしっくりくるよう
な配置にすることが重要。魅力的なアイテムが多く並ぶ
店内は、植物も各スペースに合うものを丁寧に選んで。

143 Front St Brooklyn NY 11201
Open: Mon–Sat 11:30–7:30pm, Sun 11:30–6:30pm
URL: Instagram.com/frontgeneralstore

グラスと背の近い小さな鉢を一緒に並べてみたり、ところどころに色のあるサボテンを置いてアクセントにするなど、雑貨や古着、それぞれのアイテムに合わせたこだわりを散らばせて。また、空いてしまいがちな壁面は、天井の高さを活かして立体的に見せるのが効果的。ユーカリを大胆に使ったディスプレイや、ロープにドライフラワーやペナントを吊るしたオブジェでリズムをつけて。

Flagship Pilgrim shop
in Brooklyn

サーフシーンに関連するアイテムを中心に、ライフスタイルグッズなど幅広いセレクトで注目を集める「Pilgrim Surf＋Supply」。印象的なアイテムが並ぶカウンター裏の棚は、ところどころに植物をまぎれ込ませて、植物をライフスタイルグッズの1アイテムとして見せている。ディスプレイの色味を活かして、植物は鉢に入れたものをシンプルに並べるスタイルに。

68N 3rd St, Brooklyn, NY　Open: Daily12-8 pm.

Pilgrim Surf+Supply in Residence
at BEAMS HARAJUKU

「Pilgrim Surf+Supply」のオーナーとの交流が
きっかけで、BEAMSでの「Pilgrim Surf+Supply」
インスタレーションとポップアップショップを担
当。ニューヨーク、ブルックリンの本店を彷彿
させる店内のインテリアには、川本氏が手掛け
るグラスドームやボトルブーケ、ドローイングし
たスニーカーを鉢代わりにしたアイテムを組み
合わせて。ポイントでヴィンテージのスケート
デッキやブイなどを使うことで、ビーチを感じる
心地良い空間を演出。

※期間限定のインスタレーションのため、現在は終了。

SLEEPY JONES

リラックス＆ルームウェアブランドの「SLEEPY JONES」。クリエイティヴディレクターのAndy Spadeとの出会いから、ショップのスタイリングを手掛けることに。ブランドのやわらかい空気感や白をメインとした店内と相性のいい鉛筆のレタリングを合わせて。棚上など手の届かない部分にはアーティフィシャルの植物を混ぜ込むことで、ショップとしての管理面や機能性も考えたスタイリングに。

http://sleepyjones.com/

HANAMIZUKI CAFÉ

栄養バランス抜群の食事とリラックスできる空間をサポートしてくれるおむすびカフェ。ホッとひと息つける癒しのスペースは、白い空間に差し色としてダークグレイなどを加え、引き締まった印象に。川本氏がコーディネートに関わり、植物やチョークボードへのレタリング、カウンターのエイジング加工などでアクセントをプラスしている。壁面にカラーチョークで描いたレタリングは「食べることで美しさを」という意味を込めて。

143 W 29th St, New York, NY 10001
(Between 6th and 7th Ave)
Open: Mon−Sat 11−8pm (Closed: Sun)

2013年9月、ニューヨーク近郊のロングアイランド・シティに位置する「MoMA PS1」で行われたTHE NY ART BOOK FAIRにて、イースト・ヴィレッジのクリエイティブ・スペース、「Ed. Varie」と川本氏がメインコートに［Plant/Book Store ／プラント・ブックストア］を制作した様子。

EXHIBITION

STYLING

〜エキシビションでのグリーンスタイリング〜

前作『Deco Room with Plants』の発売イベントも兼ねた「MoMA
PS1」のTHE NY ART BOOK FAIRでの展示、「GALLERY AT
NEPENTHES NEW YORK」で行われた海外における初めての個
展など、川本氏の限りない表現力を顕わすことになったエキシビシ
ョンやインスタレーションの数々。その中でも、作品に感化された
人々との、新たな繋がりを生み出すきっかけともなった4つの展示を
紹介。自由で独創的な世界を創り上げる彼の才能は、作品を見る人
の感性も高めてくれる。

THE NY ART BOOK FAIR

2013年9月19日から22日に、ロングアイランド・シティに位置する「MoMA PS1」にて開催された、世界中から280以上の出版社、アーティストやギャラリー、古書店が参加するブックフェア「THE NY ART BOOK FAIR」。そこで、ブックストアの機能も持つ「Ed. Varie」の依頼により「Plant/Book Store／プラント・ブックストア」のデザインと空間スタイリングを担当。書籍『Deco Room with Plants』のサイン会とともに、アンティークの家具や雑貨と植物をスタイリングしたインスタレーションを行った。プラント・ブックストアは、来場者すべてが通るメインコートに制作。国内外問わず多くの注目と支持を集めた。

Ed. Varie Plant / Book Store by Satoshi Kawamoto at MOMA PS1

プラント・ブックストアの室内にはインドアグリーンを、外側にはまわりを囲むように川本氏らしさが表れるような深い色味を使った配色や個性のあるプランツ、アンティークの雑貨、シャベルやじょうろなどのガーデンツールをスタイリング。各国からブックフェアに訪れた来場者が、興味深く展示を観る姿や質問をしていく姿に、今後ニューヨークで活動をしていく上での手応えを感じたそう。

4日間行われたブックフェアの中で、展示や著書がどのような評価を受けるのか、その反応を見るのも目的のひとつだった。日本語版の書籍を手に取りページをめくる来場者の姿に、言葉が伝わらなくても目で見て感じてもらえる力が自身の作品にあると実感。この経験は川本氏にとってニューヨークでの活動の後押しとなった。

SATOSHI KAWAMOTO exhibition "GREEN or DIE" GALLERY AT NEPENTHES

2014年1月21日から「GALLERY AT NEPENTHES NEW YORK」にて開催された、川本氏のニューヨークにおける初の個展。チョークレタリングと様々なボタニカルの素材を使用して人体の一部を表現した作品は、"創られ・廃れていく"その自然の摂理のすべてを語り尽くすのではなく、ボタニカルの"示唆"する力を借りて、観る人の想像力に訴えかける作品に。植物とボディパーツを組み合わせることで、植物が廃れていく姿と体が死に絶える姿を連動させている。また、「〜or DIE」という言葉は"DIE"から連想される"死"という意味ではなく、「死ぬほど好き」という意味が込められており、作品のテーマに隠された遊び心も見える。

GREEN or DIE
Satoshi Kawamoto

For this exhibit, Kawamoto creates human body parts using hand chalk lettering and a variety of decadent materials.

The artwork presented on these walls shows nature's law in a state of decay over time.

By borrowing the characteristics of plants and botanical life, "Green or Die" embodies the growth and process that result in the flavor of age.

Photographed by Masahiro Noguchi

CHIRISTMAS EXHIBITION
Satoshi Kawamoto×Astier de Villatte

2013年12月17日から2014年1月7日にかけて、「H.P.DECO 好奇心の小部屋 横浜店」にて開催された、陶器を中心として、グラスウェアや家具、香料、ステーショナリーなどのコレクションを手掛ける「Astier de Villatte (アスティエ・ド・ヴィラット)」と川本氏のクリスマスエキシビション。トラディショナルな雰囲気とエスプリ

のきいたデザインが美しい「Astier de Villatte」の作品と共に、プリザーブドフラワーやドライフラワーなどの退廃的な雰囲気も持つ素材を合わせたスタイリングをすることで、新しい目線で創り出す、寓話のような創作世界を表現。どこか神秘的で洗練された空間に迷い込んだような、夢見心地な気分を味わえる空間。

各分野で活躍するクリエーター9名に焦点を当て、「個性とは何か」を表現したポートレートを展示。その展示と共に作品を展示したいという野村氏の依頼から企画が実現した。

SATOSHI
KAWAMOTO

GAP "BLUE BOX PRESENTS."

Gapが2014年3月に実施した、ありのままの自分でいるその姿、生き方、ライフスタイルに光を当て、自分らしい輝き方を感じてもらえるプロジェクト"BLUE BOX PRESENTS."。「個性とは何か」各分野で活躍するゲストを通じて感じてもらえるポートレート展示「ICONS」（撮影：小浪次郎）とトークイベント「SPEAKS」が「ス

パイラルガーデン ギャラリー」にて、2014年3月26日と27日に開催。ライターやプロデューサーなど様々な分野で活躍する野村訓市氏をキュレーターに迎えた本展において、川本氏はGapのICONICアイテムであるデニムやカーキパンツなどのアイテムとボタニカルを組み合わせた創作で、インスタレーションを担当した。

自身の作品への評価や反応を直に感じる毎日の中、若い頃からスタイリングセンスとその個性に驚きと尊敬の気持ちを抱いていたパトリシア・フィールド、創り出す世界観と知識の深さに憧れを抱いていた鈴木大器との人生を変える出会いが訪れる。着実に世界へ自身を発信する一歩を踏み出した川本氏と、彼が尊敬してやまない2人のクリエイターとの対談、また、川本氏をインスパイアの源としたブランドや、自身でプロデュースを務めた商品などを紹介。

talk with...

Patricia Field

(Costume Designer, Stylist)

テレビドラマ『セックス・アンド・ザ・シティ』や映画『プラダを着た悪魔』などの
ヒット作を支えた、カリスマスタイリストのパトリシア・フィールド。
共通の知り合いを通じて出会った2人のファーストインプレッションや感覚の共通点、
彼女のストアと自宅の施工を手掛けることになったきっかけとは？

Patricia Field／パトリシア・フィールド
アメリカ出身の衣裳デザイナー、スタイリスト。ニューヨークに自身のブティックを構える。伝説的なヒットを打ち立てたテレビドラマシリーズ『セックス・アンド・ザ・シティ』の衣裳を担当。斬新かつ独創性のあるファッションで一躍有名となり、2002年には同作でエミー賞を受賞。映画『プラダを着た悪魔』(2006年) にて、2007年のアカデミー賞でも衣裳デザイン賞にノミネートされた。
テレビドラマ：『Mother Goose Rock 'n' Rhyme』『スピン・シティ』『セックス・アンド・ザ・シティ』『アグリー・ベティ』、映画：『プラダを着た悪魔』『セックス・アンド・ザ・シティ』、PV：安室奈美恵『60s 70s 80s』

Patricia Field
wery (Between E Houston & Bleecker St)
New York, NY 10012
Open: Mon–Thu 11–8pm,
Fri/Sat 11–9pm, Sun 11–7pm

talk with… Patricia Field

友人の紹介、そして感覚の一致から ストアのガーデンを手掛けることに

パトリシア (以下、P)：私たちが出会ったのは、共通の友人からの紹介がきっかけだったわね。当時、ストア (『Patricia Field』) 内の枯れてしまった室内ガーデンを見るのが心苦しくて、それをなんとか直してくれる人はいないかと彼女に話していたの。

川本 諭 (以下、川)：それで彼女が「プラントアーティストの人がいるよ」ってパトリシアさんに僕を紹介してくれたんですよね。

P：そう。美的感覚の高い人にお願いをしたかったから、会う前からすごく楽しみにしていたのよ。じつは、以前ガーデンを世話してくれていた庭師の人は、私の感覚とは真逆の人だったの。その人は英国風のガーデンにしようとしていたんだけど、私はもっとワイルドなものにしたくて。諭に会ったときに「これは感覚が合うな」って感じたのを覚えているわ。

川：僕が今まで手掛けたガーデンを見せたりとかしなくても、ただ会話をしていくうちに、話がまとまっていきましたよね。庭だけの話じゃなくてお互いの持つ感覚から話し始めて、まずはストアの施工からということに。

P：ストアは、以前私の自宅だった場所を改築しているんだけど、今のガーデンの位置は私のベッドルームとバスルームがあった場所だったの。それがストア内にあるビューティーサロンのガーデンになっていて、そこを諭に手掛けてもらったのよね。今ではいきいきとしたグリーンを保っているわ。まだ自宅だったころ、バスルームに入りながら、天井から見えるグリーンを眺めるっていうのがすごく好きな時間だったから、想いの深い空間を残すことができて嬉しい。あなたの美的感覚をすごく信頼しているわ。

川：気に入ってもらえてすごく嬉しいです。僕がストアのガーデンを手掛けたことを告知してもらったりもしました。それからパトリシアさんの家のテラスも手掛けさせてもらうことになったんです。

お気に入りのバンブーでこだわりの テラスと居心地の良い生活空間を実現

川：ご自宅のテラスは、バンブーが好きという希望からのスタイリングだったんですけど、バンブーを選んだきっかけは?

P：フロリダに住んでいる友達が、バンブ

ニューヨークの街並みが目の前に広がり、気持ちの良い風が通り抜けるテラスはパトリシアのリラックススペース。お気に入りのバンブーをスタイリングして創り上げた、流行に流されない彼女の美的感覚を反映させた空間。

ーを自分の庭に植えているんだけど、それが林のように大胆に生えている様子がボヘミアンな感じですごく気に入ったの。他に、ギリシャに住んでいる友達も、背の高いバンブーを家に植えていて、それらを見たときに「自分もほしい！」って思ったのよ。あと、日本の植物でも松とかにはあまり興味がなくて……もう少しやわらかいイメージのあるバンブーが気に入ったの。

川：はじめは自分で買ったものを置いていたんですよね。

Ｐ：一年ちょっと前に、自分でバンブーをマーケットに買いに行って、それはそれで結構気に入っていたんだけど、冬に枯れてしまって……。あと、どれだけ育つかもわからないし、すごく伸びて倒れたりしても怖かったから、最初に自分で買ったのは、背の低いもの。

諭が選んでくれたバンブーは背も雰囲気も理想どおりでものすごくハッピーよ。

川：ありがとうございます。とりあえずテラスのバンブーの世話が順調にいったら、この先もさらに植物を増やしたり、室内にも増やせたらいいですね。

Ｐ：そうね。今後は部屋の中にも増やしていきたいわ。私のまわりには昔から、家族もお友達のところにも、必ずお家にガーデンがあったのよ。植物に囲まれて育ったっていうのもあって、自分のまわりもいつも植物を置いておくというのがとても自然なことのように思えるの。

川：僕も、東京生まれだけど祖母の家とかに行くとテラスには植物がある環境で、小さい頃から植物と触れ合う機会があったから、植物が近くにあることがとても自然なこ

とっていう感覚が分かります。

Ｐ：自分のまわりにあるものって、自分を幸せにしてくれるものであることがすごく大事なことだと思うの。シンプルにハッピーでいたいし、ハッピーな場所で過ごしたいしね。

パトリシアの美的感覚に対する信念と植物のありかたとの共通する部分とは…

Ｐ：私のスタイリストっていう仕事は、スパンコールや羽根、毛皮を使ったり……皆に知られているとは思うんだけど、ベーシックや自分の哲学など一番 "コア" な部分っていうのは、オーガニックなものだと思っているの。オーガニック＝ビジュアル的に見えるものではなくて、植物のようにブレないものという感覚。私が思う一番大事なことって

いうのは、やっぱり"コア"自体がしっかりしていること。だからスパンコールとかを使ったとしても私のスタイリングっていうのは絶対ブレない。植物というものも私の中でブレない存在だから、共通する部分があると思うわ。

川：経験があるからこその言葉に重みを感じます。色んな経験をしているからこそ、自分の中で"そうあるべき"＝"コアをブレさせない"という信念をしっかりと持っているんでしょうね。そういうところをとても尊敬していますし、それが植物と共通するというのは面白いですね。

P：ありがとう。あと、私の部屋はモダンなんだけど、でも60年代のパキパキのモダンというわけじゃなくて、どこかオーガニックで、クラッシックが入っていて、流行に流されて消えてしまうものでもない。それだからこそ全然飽きないし、例えばこのヘビ革の椅子はデザイナーのロベルト・カヴァリからの贈り物。もうひとつ、このテーブルは70年代に道で拾ったのよ。後からわかったのだけど、これが有名なアーティストの作品だったらしくて。自分はただ拾っただけだったのに、とても価値があるものだった。価値がつけられているからいいっていうわけ

ではなく、私自身元々はストリートで見つけて「いいなあ」と思ったものであって、そういう自分の良いと思うものを信じる美的感覚を信じているわ。これらのアイテムは40年以上持っているけど全然飽きないもの。

**植物とファッション、ジャンルを問わず
スタイリングは自身の美の表現の場**

P：植物のスタイリングとファッションのスタイリングって、美の表現方法ということでは、同じだと思うわ。植物は、自分自身で育つワイルドなもの、ファッションというのは人が作り出すものだから、その部分は全然違うけどね。

川：表現というキーワードで言うと、僕が庭や部屋の中など、植物をスタイリングするときは同じ業種の人からヒントを得ないんですよ。ファッションやインテリア、違うジャンルで印象に残っているものが、自分の頭の中に焼き付いていて、実際に仕事をするときに活かされることが多いです。だから、まったく違うもののようで、表現という面でヒントを得ている自分がいるのは、僕たちの仕事がある意味近いということだからなのかなと思っています。もしも、パトリシアさ

んがスタイリングするものと、僕のプランツをMIXできたらすごく面白そうなので、いつか仕事をしてみたいなって思っています。彼女の神がかったセンスは、実際に仕事をさせてもらったことで、ジャンルは違うけれども、すごくいい刺激を受けました。

P：盆栽みたいに、プランツとカルチャーの融合みたいなものもあるし。例えばファッションにしても、1000年位前だと動物を殺して毛皮を着るっていうだけだったけれど、それも時代に沿って色々変わってきているしね。違うところはあるけれど美の表現を共通点にしていくのは面白いことだわ。

talk with...

Daiki Suzuki

(NEPENTHES AMERICA INC. 「ENGINEERED GARMENTS」Designer)

NEPENTHES AMERICA INC. の代表を務める「ENGINEERED GARMENTS」デザイナーの鈴木大器。
共通の友人を介した出会いから、ニューヨークでの初個展、デザインでのコラボなど、
彼の存在なしでは今のニューヨークでの生活は考えられないと言えるほど。
2人が交流を始めたきっかけや今後取り組む予定の計画とは。

鈴木大器／すずき・だいき

NEPENTHES AMERICA INC.代表「ENGINEE
RED GARMENTS／エンジニアード・ガーメンツ」
デザイナー。1962年生まれ。輸入衣料販売会社
でインポート商品の販売や、メンズファッション誌
のライター、スタイリストなどを経て、89年にネペ
ンテスに入社し渡米。ボストン、NY、サンフランシ
スコを経て、97年よりNYにオフィスを構える。
99年に「ENGINEERED GARMENTS」をスター
ト。06年からは「ウールリッチ ウーレン ミルズ」
のデザイナーも兼任。09年には米『GQ』誌と
CFDA（米国ファッション協議会）によるアワード、
ベスト・ニューメンズウェアデザイナー・イン・ア
メリカの第一回目のグランプリを取得。日本人初の
CFDA正式メンバーとしてエントリーされている。

Nepenthes New York
West 38th St. New York, NY 10018
Open: Mon–Sat 12–7pm, Sun 12–5pm

talk with… Daiki Suzuki

NYでの初個展・ショップオープンへ
出会いから広がるコラボデザイン

鈴木（以下、鈴）：最初は、サティ（川本）さ
んがNYで個展をするために、誰か現地で
ヘルプしてくれる人はいないかと共通の友
人から話を受けたのがきっかけだよね。

川本（以下、川）：そうですね。大器さんの
ことは存じ上げていたので、「わ！大器さん
と出会えた！」みたいな感じでした。ネペ
テスは、高校生の頃から、学校帰りに寄っ
たり、お金を貯めて買い物した思い出もあっ
て、今も大好きなブランドです。だから「ま
さか！」という気持ちが大きかったです。NY
のショップの物件決めにも協力していただ
いたりと、本当にお世話になっています。

鈴：俺は実際に会う前から、友人にサティ
さんのことを聞いていたから、不思議と初め
て会ったときにも違和感はなかったな。会っ
てみて、繊細で良い意味で気を遣える人
だなって思いましたよ。本当にいつもおしゃ
れだし、洋服が好きなんだなって分かる。
俺なんて、普段はすごくダラダラ感がある
から（笑）。

川：いえいえ、そんなことないですよ……！
僕としては、大器さんの事務所に通しても
らっただけでもすごいことで、このテーブルで
大器さんがスケッチしているのを見たとき
なんて「ここから作品ができるんだ」と思っ
て。服が生まれる現場を見ることができて
すごく刺激を受けました。

鈴：俺もサティさんのスケッチを見たとき
は、すごく上手くてビックリしたよ！

川：恐縮です（笑）。大器さんが創り出すル
ックには、いつもハッとするような感覚があ
って、自分が空間を作るときにもすごく影響
を受けているんです。

鈴：植物とは違うジャンルからスタイリング
の影響を受けるところとか、サティさんって
考え方がとても柔軟ですよね。必ずしも"こ
うじゃなくてはいけない"じゃなくて、色んな
目線で物事を考えられる。俺も、その感覚
は共感できて、洋服なんかは自分で"縫っ
て"はいないから、"作っている"ということ
じゃないんだろうけど、いろんな素材や技術
があるなかで、それを組み合わせて、今の自
分はショーができていると感じているんだ
けれど、それと似た感覚をサティさんに感じ
ています。まったく新しいところから驚くよ
うなものを創り出すのもクリエーションだけ
ど、植物やアンティークなどの今あるものを
組み合わせて新しいものを創り上げること

は、センスが良い人じゃないとできないこと。
レタリングのようなものを作品に取り入れる
感覚もすごく良いと思います。

川：ショップでやらせていただいた、初個展
の作品が、レタリングと植物を組み合わせ
たものでしたね。

鈴：ショップと展示のコラボレーションは面
白かったですね。うちの個展は、絵画や写
真が多くて、一度違うものをやりたいと思っ
ていたから、"植物"という話がきたときに、
面白いかもと素直に思いました。

川：個展では、同時にポップアップショップ
もやらせていただいて。「GREEN or DIE」
というテーマのレタリングが入り限定Tシャ
ツを作らせてもらったのは嬉しかったです。

鈴：一緒に作ったものといえば、ベストとエ
プロンも別注で作りましたよね。

川：ここの事務所で生地から選んで……あ
れも大満足でした。NYのショップでは限定
発売として置かせてもらっているのと、日本
ではスタッフユニフォームになっています。
それと、2014年の秋冬ではTシャツのレタ
リングもお手伝いさせていただきました。

鈴：そうそう。サティさんがチョークレタリ
ングをすごくきれいに描いているのを見て、
マネしてやってみたけど、全然ダメで（笑）。

NYのショップが入ったビルの上階にあるアトリエは、サンプル生地やデザイン画なども立ち並ぶ、川本氏のスタイリングにも影響を与える"服が生まれる場所"。

だからサティさんにお願いしたんです。

**柔軟なスタイリングアイデアで
植物とファッションをもっと近い存在に**

川：大器さんにとって植物って、どんな存在ですか？　身近に置いていたりします？
鈴：身近に置いたりはしていないけど、ファッションで花柄とか植物柄の生地を使ったり、植物を取り入れたりすることは、わりとあるかもしれない。東京のショップは、洋服屋だけどライフスタイルショップ的な側面もあって、今はプランツの販売もしています。うちは、洋服屋から少し幅を広げて、プランツを扱うようになったけど、サティさんの場合は逆で、プランツを扱っていたのが、生活雑貨や洋服のほうまで、だんだん近づいてきている感じがする。
川：僕、植物とファッションってもっと混ざ

り合っていいと思っているんです。「エンジニアード・ガーメンツ」の2014年の秋冬のルックでもドライで作ったコサージュを撮影で使っていただいたんですけど、自然のものと洋服が合わさると、面白いスタイリングになると思います。よく自分でもハットにユーカリの葉を一枚差したりするので、そういうアイデアがあってもいいかなって。他にも、ジャケットのポケットに生のお花や、雑草のような葉っぱを差したり。
鈴：今回のルックでは、「何か足りないね」という意見からコサージュのアイデアがでました。俺のなかでは、コサージュというと、30年くらい前にデザイナーズブランドとかが出したデザインイメージだったので、サティさんのアイデアは新鮮でしたね。
川：僕にはどうしてもコサージュって作り上げられたものといった印象があるんですけど、もっと自然な印象にしたいなと思って、

スタイリングの味つけとして、お手伝いをさせていただきました。また機会があれば、プランツを扱う人が思いつかないようなことをあえてしたいなと考えています。また一緒に面白いことをやらせていただきたいです。
鈴：パーツやグリーンをたくさん取り入れた撮影とかもしてみたいけど、いつもギリギリの期限まで作業をしているから、計画を立てる余裕がないんだよね……。一回デザインがあがってからプロモーションとして何かやるんだったら面白いことができるような気がするから、将来的にやってみたいね。お店の一部分でも、あるいは全部でもいいけど、一度ジャングルみたいにしたい（笑）。
川：うちのバックヤードを使ってインスタレーションみたいなものをやっても面白そうですよね。あとはルックとかで、根っこを一本置いてみたり、葉っぱをひとつ落としたようなスタイリングでも、僕は自分らしいなと思

うんです。がっつり決め込むものだけではなくて、あえてのそういう植物のスタイリングをプラスするのもありだと思います。

さらなるステップアップを目指しての
キーワードは挑戦し続けることと直観力

川：僕は定期的にものを作り出すということをしていないんですけど、洋服はシーズンごとにテーマがありますよね。そういうテーマはどこからインスパイアされるんですか？

鈴：シーズンは年に二回、春夏、秋冬で、パッと思いつけるのが一番だけど、ネタ探しが基本。いつもテーマらしいテーマは決めてないけど、ネタは必ず何個か仕込んであって、昔に見たものや着たものを思い出して考えたりしますよ。一個ネタが見つかると、そこから派生していく感覚で。そのネタを見つけるまでは漠然としているんですけど

ね (笑)。

川：例えば出張先で見た新しいものとかで「これは使える！」とか思ったりすることもあるんですか？

鈴：行った時はそう思うんですよ、「これいいな」とか。でも、どこかでバーっと見てきたものは、たいがい冷めるのも早い。結局昔から知っているものに落ち着くことが多いですね。この業界では、思いつきでその時のテーマを決める人も多いんですけど、俺がそういうことをすると、お客さんがついてこないし、うちのデザインには合わないと思う。どんな進行状態でも、最後には自分が「イケるな」って思うものは残すし、最初は「すごくいいな」と思っても途中で「もしかしたらあまり良くないかも」と思い始めたら、相当入れ込んで作っていてもやめてしまいます。

川：これは違うなと感じるんですか？

鈴：なんとなく違和感があるから、やっていて不思議な感じがするんですよ。新しい感覚はね、この年になると一生懸命見て、掴もうと思ってもなかなか難しい。それに、やっぱり現場の人やそこにいる人たちの今の感覚が面白いと思うから、その意見を聞きつつどんどん良い影響を受けていければいいなと思っているんです。サティさんは次のス

テップは考えているの？

川：次のステップですか？ 僕はまだ探り探りなのと、ここでは言葉もスムーズに伝わるわけではないので、本領が100%発揮できていない気持ちがあります。でも、作品やスタイリングに対して少しでも共感できるっていう人が増えたら嬉しいなと思うし、そんな空間を作っていきたいです。

鈴：アートな感覚の中に、ショップとしての要素もプラスになるみたいな感じだね。これからどうなっていくのか楽しみです。

川：一年半前までは、まさかアメリカで会社を創ると思ってもいなかったし、この先、何が起こるかは分からないですけど、やりたいことを確実にやって、色んな方と出会って、思いもよらない化学反応が起きたら、もっと面白くなると思うんです。僕は直観力をすごく大事にしているので、やりたいと思ったことは挑戦したいと思っています。

ENGINEERED GARMENTS×GREEN FINGERS NEW YORK のコラボデザインの limited apron & vest。鈴木氏と川本氏でどのようなアイテムをつくるか一から話し合い、デザインを手掛けたアイテムは、GREEN FINGERS NEWYORK のみの限定発売で、ブラウンとヒッコリーの2柄。GREEN FINGERS 日本店舗のスタッフユニフォームとしても使用されており、ウィメンズサイズも展開している。

Collaboration
HIGASHIYA

銀座・南青山にお店を構え、伝統的な日本の美を現代に進化させ提案する和菓子店「HIGASHIYA」が開店10周年を記念し、多彩なクリエイターとコラボレーションをした限定仕様の「ひと口果子」。その第3弾（2013年11月1日から30日の限定発売品）をパッケージとともに川本氏がプロデュース。テーマを「Precious Gifts From The Forest」とし、日に日に色づく秋に想いを馳せ、ひと口果子を森に転がる小さな木の実に見立てている。（HIGASHIYA GINZA：東京都中央区銀座1-7-7 ポーラ銀座ビル2F）

GANT RUGGER
2014F/W
collection preview

「GANT RUGGER」の2014秋冬コレクション。「GREEN FINGERS」にインスパイアを受けたというコレクションは、ガーデニング、植物や花々、スローフードに焦点をあて、ライフスタイルトータルブランドとして展開。『Deco Room with Plants』を見かけたことをきっかけに、さらにショップや川本氏の世界観を見てインスピレーションを感じたそう。川本氏は、collection previewのインスタレーションやキャンペーンムービーなどを担当。"ショップと川本氏がイメージ"とのデザイナーの言葉から、レタリングにもショップのバックヤードをイメージしたデザインを取り入れている。

GANT RUGGER 原宿

2014年9月5日に米老舗ブランド「GANT」の
セカンドラインとして2010年に誕生した「GANT
RUGGER」のアジア初となる旗艦店「GANT
RUGGER 原宿」が、東京・神宮前にオープン。
2014年秋冬コレクションのテーマは「GREEN
FINGERS」からインスパイアされたという経緯
から、川本氏が原宿店の空間デザインを担当。
白いタイルと木目板のクリーンなイメージの店内
に、個性的な植物でスパイスをプラスしている。

東京都渋谷区神宮前3-27-17 WELL原宿 1F
Open: 11-8pm
http://www.gant.jp/

Work

GREEN FINGERS
2014S/S

「GREEN FINGERS」の2014年春夏の作品撮り。"年に一度は自身の表現したい世界観を表現する"ということで川本氏が行っている作品創りの、今回のテーマは「晩餐会の100年後」。そこに人がいたような空気感を残しつつ、銀食器やプレートを散らばせたり、長年そこに忘れられたテーブルに植物が生えてきたような光景を表現するなど、きれいに整えられたものが、時間の経過によって廃れてしまったような、アンティーク感溢れる空間を作り上げている。

HISTORY IN NEW YORK

～NYにグリーンフィンガーズをオープンするまで～

"海外で個展をやりたい"そのひとつの決意からスタートした、ニューヨークヒストリー。まさに駆け抜けたと言えるこの1年は、旅立ち、人との出会い、自身の表現と向き合うことなど、川本氏の人生の転機ともいえる年だった。表現の場としてショップを構える新しいスタイルは現地の人の感覚にマッチするのか。自問自答を繰り返し、今まで培ってきたセンスと常に新鮮な感覚を取り入れる姿勢で勝負を続ける彼の、ニューヨークに対する思いや今後の展開などを伺う。

HISTORY IN NEW YORK

自分のやりたいことを表現して、そこから何かを感じ取ってくれる人がいる。
そのスタイルが自分らしさなんじゃないかと思う。

NY行きのきっかけは個展の場所探し
ショップを自身の表現の場に

2014年9月でオープン1周年を迎えた「GR
EEN FINGERS NEW YORK」。1年前ま
で、まさか自分がニューヨークでショップ
をオープンさせるなんて考えてもいません
でした。今振り返ると運命としか思えない
出会いがこの1年間に溢れていたような気
がします。
ニューヨークに旅立つきっかけになったの
は、個展を開く場所を探すという目的から。
まだ漠然としていた考えの中で、パリかニ
ューヨークのどちらかの都市で個展を開き

たいということだけは心の内で決めていま
した。その2つから最終的にニューヨーク
へ行くことにしたのは、「行ったことがない
街だから、とりあえず行ってみよう」という
簡単な理由。けれど、ニューヨークの街に
降り立ち、時間を過ごすうちに、街並みや
カルチャーがすんなり自分の中に馴染んで
いくのを感じたんです。その時感じた感覚
が、"この街で何かを表現したい"という意
志を固めたきっかけ。自分の気持ちを信じ
てみようと思ったんです。
いよいよ現地で本格的に個展をする場所探
しをスタート。けれど、何か所か見て回っ
ても、どこもしっくりこず……。また、大き

いギャラリーを借りるとなると、コストの面
でも問題が。もしも、その場所がしっくりく
る場所だったのなら感じ方も違ったかも知
れないけれど、自分の中でイメージをして
いた 表現したいかたち ができる場所とは
違っていたんです。それに加えて、ニュー
ヨーク内で植物を扱う他ショップも見て回
ったときに、「自分だったらこういうことを
表現したい」という気持ちが湧き上がって
きたんです。そこで僕なりにたどり着いた
答えが、箱を借りてしまえば、もうそこが自
分だけの表現の場になるということ。そう
しようと決心してからは、見方をシフトし
て、賃貸での物件探しを始めました。そし

築100年以上のアパートメントを借りて、自らリノベーション。窓から見える街並みからニューヨークに来たことを実感する。

て、ようやく探し出したのが今の物件。期間にすると約半年間、3回目に渡米したときにはもう契約をしてしまいました。

当時は、個展をやりたいと思ってニューヨークに行っただけだったので、ショップをオープンすることが決まってからというもの、アメリカに会社を創らなくてはいけなかったり、内装の手配をしたり……と、とにかく大変なことばかり。でも、僕はやりたいと思ったらやってしまう性格なので、前に進むのみなんです。問題が生じたらその時に解決をすればいい。今では無事にショップも1周年を迎えることができ、さらに、様々なプロジェクトにも携わらせていただける。そんな日常を過ごしているときに、僕のしたことは間違ってなかったんだなと思えるんです。

アパートメントの契約、新しい人間関係
NYで始まる新生活

アパートメントを借りようと思いたったのは、ニューヨークでの滞在が数か月にもわたってしまったため。それまでずっとホテル生活だったんです。毎回ホテルの予約を取るのも大変だったし、それならいっそのこと物件を借りてしまったほうがいいなと思って。結局、ショップからも徒歩圏内のアパートメントを借りました。僕が借りたアパートメントは壁の色を塗り替えるなど内装の変更もOKだし、忙しい時間の中でも、部屋のインテリアを揃えていくことは、気分転換にもなりました。ただ、ウォークアップで4階にある部屋のため、大きいものを持ち上げるのが大変なのが難点

なんですけどね……。

あと、ニューヨークに来てからさらに広がったのは人間関係。多くの人種が集まるニューヨークの中で、自分と感性の合う人たちにたくさん出会えました。ここで知り合えた人たちは僕にとって、とても大事な人たち。僕が、異国の地で大きな障害もなくここまで進んでこられた背景には、人との出会いは特にかかせないものだったと思います。あらためて人間同士の繋がりを実感しました。

NYで一番実現させたいこと
自分自身のスタイルとは

お店のつくり方や販売の仕方で、日本とニューヨークではどう違うのか……。それは

ガランとしていた室内が徐々に自分らしいインテリアで囲まれていく。部屋作りはいい気分転換に。

日々模索中です。もちろん気に入ったら買うという感覚は共通してあると思いますけどね。あと、日本よりもインテリアを楽しむ人が多く、みんな家にいる時間を大切にしている気がします。そういう意味で言ったら小さいプランツやインテリア雑貨を気軽に買っていく人は多いかもしれないですね。その土地の人が何を求めているかは、やってみないとわからない。自分がやりたいことを表現したときに現地の人の反応はどうなのか、感覚の違いはあるのだろうか…いろいろな不安と余計な考えが頭の中に入ってきて、「うまくいかなかったらどうしよう」なんていう風に悩んでしまった時期もありました。でも、ふと自分が活動をしていくうえでのポリシーと向き合ったときに、何よりも表現として僕の作品を見て、何か

を感じてほしい、その気持ちが一番だということに気付いたんです。自分の表現したいことをちゃんと表現しつつ、それを見てもらうということを大切にしていかないと、という気持ちが強くなりました。自分が商業目的の商品だけを作り続けて、本来の目的を見失わないようにしたいと思ったんです。そこで考えぬいた末に、やっぱりショップはギャラリー的要素にしようと思いました。自分のやりたいように表現して、それを見てオーダーしてくれたり、何かを感じてくれる方がいるというスタイルが自分らしさなんじゃないかと。

**ブレずに表現を続けることで
更なる広がりをみせる**

ショップを表現の場にすることで、そこから派生する仕事もあります。まず、誰かが僕の作品をどこかで見て、それから実際にショップにも訪れてくれて、ここの雰囲気を気に入ってくれる。「GANT RUGGER」や「FILSON」などそういうきっかけからお話をいただいたものもあります。例えば、ニューヨークのショップのバックヤードで撮影をした「GANT RUGGER」の映像は、ウェブで世界配信もされることになりました。人との繋がりがふとしたきっかけを呼ぶこともあり、そこから新たな世界を開拓できる。そういうふうに繋がっていくことってすごく面白いなって思います。こういう経験からもショップの重要さを本当に感じているんです。だから、シーズンごとなど定期的に内装を変えていくことは必ず

バックヤード付きの物件だったことが決め手。わずか1年ほどでニューヨークのマンハッタンにショップをオープン。

やろうと思っています。僕の作品に何かを感じてくれた人が、またショップを訪れてくれたときに、前に観た風景と同じだったらつまらないですよね。

**確実な一歩を踏み出す
川本諭の今後について**

今後は、自分でインテリアをプロデュースしたアパートメントのホテルもできたらいいなと思っています。ショップはより自分らしさを出していきたいという点は変わらず、ニューヨークは特にその要素をもっと強く打ち出していきたいと思っています。他の国で自分を表現したい気持ちもありますが、今はまだ手いっぱいで。まずは西海岸でのプロジェクトの話をいただいている

ので、構想を練っているところです。それと興味があるのはパリ。ニューヨークとはまた違う反応を感じることができそうなので、挑戦をしてみたいと思っています。また日本では、前作の『Deco Room with Plants』でも登場した、2010年から2014年まで実際に生活をしていた平屋を、コンセプトショップ＋スタジオとして作り替えた「The FLAT HOUSE」も始めました。土っぽくアンティークな雰囲気の漂う空間は、僕自身が内装からインテリアのスタイリングまで手掛けたもの。ショップとしては、作り手の視点や感性がさりげなく感じられるような、クオリティとクリエイションの高さを重視したアイテムをセレクトし、提案させてもらっています。ショップ内のアイテムは連動している「The FLAT

HOUSE」のウェブストア（http://www.theflathouse.jp/）で購入することができるので、ぜひ見てみてください。
僕は何歳になっても日々勉強していくことが大切だと思っています。いろいろなものを見て脳に焼きつけてたとしても、時間が経つとその感覚は薄れていってしまうもの。なので、一生涯いろいろなものを見て、感じて、どんどん新たな感覚を手に入れることで、進化し続けることが重要。つねに楽しいことを感じていないと、つまらない自分になってしまうんじゃないかって思うんです。
これから先も挑戦をしてみたいことがたくさんあるので、自分で日本全国、そして世界を飛び回るスタンスを変えずに進んでいきたいと思います。

About
GREEN FINGERS

～グリーンフィンガーズについて～

それぞれちがった個性を持った、国内6店舗とNYに展開するショップを紹介。独自のセンスで取り揃えられた植物はもちろん、雑貨や家具はグリーンフィンガーズならではの、植物と絶妙な空気感で寄り添うユニークなセレクト。ひとつ置くだけでもインテリアの中に新たな風を取り込み、今までの生活では感じることのできなかった新鮮さを味わうことができるはず。植物と共に過ごすワクワクした気持ちを感じに、ぜひ足を運んでみて。

GREEN FINGERS NEW YORK

2013年にグリーンフィンガーズ初の海外ショップとしてオープンしたNY店は、アートやカルチャーのムード漂うマンハッタンの街でも目を惹く店内で、グリーンフィンガーズの世界観が存分に楽しめるショップ。自身のアートワークを展開するギャラリー＆アトリエとしての一面を持ちながら、植物と寄り添うライフスタイルの新たなアイデアを提案している。また、ショップ内のアートワークや家具、インテリアなど細部にわたってこだわり抜かれた内装も空間作りの参考になりそう。

44B East 1ST Street,New York,NY 10003 USA
TEL +1 646-964-4420
OPEN Mon–Sat 12-7pm, Sun 12-6pm
URL http://www.greenfingersnyc.com

GREEN FINGERS

三軒茶屋の閑静な住宅街にあり、国内でのメイン店舗としてアンティークの家具や雑貨、アクセサリーまでが揃うショップ。また、他ではあまり見かけることのない珍しい植物に出会えるのも魅力。7月に4周年を迎え、新たにプラントバーやワークスペースを設けた店内は、アートのように洗練されたスタイリングが溢れる空間。生活の中にひとつ加えるだけで、今までとはちがった空気を取り入れてくれる新鮮なアイデアがたくさん詰まっている。

東京都世田谷区三軒茶屋 1-13-5 1F
TEL 03-6450-9541
OPEN 12–8pm
CLOSE Wed

Botanical GF
Village de Biotop Adam et Rope

都心から少し離れた落ち着いた雰囲気が漂う
二子玉川の商業施設内にあるショップ。店内
はインドアグリーンをメインに様々なサイズ、
種類の植物を展開。あまり出合えない珍しい
形の植物や、オリジナルでペイントしたオシャ
レな鉢や雑貨も揃うので、植物を中心としたイ
ンテリアコーディネートを存分に楽しめる。

東京都世田谷区玉川2-21-1 二子玉川rise SC 2F
Village de Biotop Adam et Ropé
TEL 03-5716-1975
OPEN 10–9pm

KNOCK by GREEN FINGERS

大型家具や雑貨、ファブリックなどを豊富に扱
うインテリアショップのエントランスに展開す
るKNOCK by GREEN FINGERSは、インテ
リアや空間の雰囲気に合わせた植物のスタイ
リング方法やアイデアを発見できるショップ。
種類が豊富で個性的な植物をはじめ、メンズラ
イクなインドアプランツまで幅広く取り揃えて
いるので、気軽に足を運んでみて。

東京都港区北青山2-12-28 1F ACTUS AOYAMA
TEL 03-5771-3591
OPEN 11–8pm

KNOCK by GREEN FINGERS
MINATOMIRAI

2013年にみなとみらいの商業施設にオープンした
ACTUS Minatomirai内にオープンしたKNOCK
by GREEN FINGERS MINATOMIRAIは、選び抜
かれた個性豊かな植物やポットや雑貨、ツールまで
充実のラインナップが楽しめるショップ。気軽にイ
ンテリアに取り入れることができる小さなものから、
部屋全体の雰囲気をがらりと変えるような印象的
なインドアプランツまでが揃う。駅直結でアクセス
も便利なので、ぜひ立ち寄ってみて。

神奈川県横浜市みなとみらい3-5-1
MARK ISみなとみらい 1F　ACTUS Minatomirai
TEL 045-650-8781
OPEN 10–8pm(土日・祝日・祝前日は–9pm)

KNOCK by GREEN FINGERS
TENNOZ

暮らしを彩るアイテム全般を扱う天王洲の新ショップ
SLOW HOUSE内に展開する店舗。エントランスを囲む多
種多様な植物をはじめ、2階ではガラス容器と植物を選び、
自分だけのプランツが作れるテラリウムバーもオープン。

東京都品川区東品川2-1-3 SLOW HOUSE
TEL 03-5495-9471
OPEN 11–8pm

PLANT&SUPPLY
by GREEN FINGERS

植物を育てるのが初めての方でも気軽に取り入れやすい
植物を多く取り揃えるショップ。オリジナルのチョークア
ートで彩られた自慢の空間で、植物と寄り添いながら暮ら
す楽しさを感じてみて。

東京都渋谷区神南1-14-5 URBAN RESEARCH 3F
TEL 03-6455-1971
OPEN 11–8:30pm

Profile

川本 諭 / GREEN FINGERS

グリーンが持つ本来の自然美と経年変化を魅せる、独自のスタイリング
を提唱するプラントアーティストとして活動。自身のディレクションに
よる日本6店舗とNY店を展開し、植物にとどまらず、雑誌での連載や
ショップの空間スタイリングやインテリアデザイン、ウェディングブラン
ド「FORQUE」のディレクションなど、幅広いジャンルのディレクター
として活動を行う。また、近年は独自のセンスで植物の美を表現する個
展やインスタレーションを展開し、グリーンと人との関わり方をより豊か
に、身近に感じてもらえるフィールドを開拓している。

Garden
was
not built
in a
day

www.greenfingersnyc.com

www.greenfingers.jp

Deco Room with Plants in NEW YORK
植物といきる。心地のいいインテリアと空間のスタイリング

2014年11月19日　初版第1刷発行
2015年　1月25日　初版第2刷発行

著者	川本 諭
撮影	小松原 英介 (Moana co., ltd.) 川本 諭 (P.99-P.101)
スタイリング・イラスト	川本 諭
デザイン・DTP	中山 正成 (APRIL FOOL Inc.)
編集	寺岡 瞳 (MOSH books)、松山 知世 (BNN, Inc.)
編集協力	深澤 絵 (SATIE SUN co., ltd.)
協力	BAGSINPROGRESS (http://bagsinprogress.com/) Chari&Co NYC (http://www.chariandconyc.com/) FOREMOST (http://foremost.jp/)
発行人	籔内 康一
発行所	株式会社ビー・エヌ・エヌ新社 〒150-0022 東京都渋谷区恵比寿南一丁目20番6号 FAX: 03-5725-1511 E-mail: info@bnn.co.jp URL: www.bnn.co.jp
印刷	シナノ印刷株式会社